글·그림 **맥 판 하크동크**
네덜란드의 그래픽 디자이너이자 삽화가로, 헤이그에 있는 왕립예술학교에서 공부했습니다. 학교를 다닐 때부터 동물들, 특히 펭귄과 고래를 소재로 재미있으면서도 교육적인 만화들을 제작했습니다. 현재 맥은 로테르담에 있는 블라이도르프 동물원의 삽화가로 일하고 있으며, 어린이들을 위한 책을 여러 권 출판했습니다. 그의 책에서는 주요 인물로 동물이 자주 등장합니다.

옮김 **한도인**
영문학자이자 대학교수입니다. 성균관대학교에서 셰익스피어에 관한 연구로 박사 학위를 받았고, 현재 단국대학교 교양학부에서 영어를 가르치고 있습니다. 매년 영어와 영문학 전반, 특히 셰익스피어에 관한 연구 논문을 발표하는 한편, 틈틈이 연극 감상평을 쓰기도 하고 학술 번역은 물론 아동 청소년 소설 번역도 열심히 하고 있습니다. 어린 시절을 작은 시골에서 보낸 기억을 어젯밤 꿈처럼 마음속 한켠에 두고 있는 옮긴이는 글쓰기와 그림 그리기를 좋아해서 언젠가는 그 기억을 글과 그림으로 풀어내고 싶어합니다. 그동안 《초록빛 도시를 만든 에코 생쥐 삼형제》,《슈퍼 할머니와 방귀 콩 대작전》 등 아동 청소년 소설을 번역했습니다.

태양계의 비밀을 찾는 모험

초판 1쇄 펴낸날 2021년 11월 30일
2판 1쇄 펴낸날 2025년 6월 20일

지은이·그린이 맥 판 하크동크 | **옮긴이** 한도인 | **펴낸이** 양승윤
펴낸곳 (주)와이엘씨 | **출판등록** 1987년 12월 8일 제1987-000005호
주소 서울특별시 강남구 강남대로 354 혜천빌딩 15층
전화 02-555-3200 | **팩스** 02-552-0436 | **홈페이지** www.aladinbook.co.kr

값 14,800원
ISBN 978-89-8401-397-1 74400 | 978-89-8401-399-5 (세트)

Wow! Geheimen van het heelal. Reis door de ruimte
by Mack van Gageldonk / First published in Belgium and the Netherlands
by Clavis Uitgeverij, Hasselt-Alkmaar-New York, 2020
Text and illustrations copyright © 2020 Clavis Uitgeverij, Hasselt-Alkmaar-New York

All rights reserved.
Korean translation Copyright © 2021 YLC Inc.
Arranged through Icarias Agency, Seoul

이 책의 한국어판 저작권은 Icarias Agency를 통해 Clavis Uitgeverij 와 독점 계약한 (주)와이엘씨에 있습니다.
저작권법에 의하여 한국 내에서 보호를 받는 저작물이므로 무단전재와 복제를 금합니다.

알라딘 북스는 (주)와이엘씨의 어린이 책 출판 브랜드입니다.

공통안전기준
표시사항

① 품명 : 태양계의 비밀을 찾는 모험
② 제조자명 : 알라딘북스
③ 주소 : 서울시 강남구 강남대로 354
④ 연락처 : 02-555-3200
⑤ 제조년월 : 2025년 6월
⑥ 제조국 : 대한민국
⑦ 사용연령 : 6세 이상
⑧ 취급상 주의사항
 • 종이에 베이지 않도록 하세요.
 • 책의 모서리가 날카로우니 던지거나 떨어뜨려 다치지 않도록 주의하세요.
⑨ KC마크는 이 제품이 공통안전기준에 적합하였음을 의미합니다.

빙빙 도는 은하와 우주 대폭발

태양계의 비밀을 찾는 모험

글·그림 맥 판 하크동크 | 옮김 한도인

하늘에 있는 수천 개의 하얀 점

밤에 하늘을 올려다보면, 정말 많은 하얀 점들이 보이지요. 그 점들이 바로 지구 주위에 있는 **별(항성)**과 **행성들**입니다. 만일 여러분이 눈이 좋으면, 별을 수백 개, 혹은 수천 개까지도 헤아릴 수 있을 겁니다. 쌍안경이나 망원경이 있으면, 더 많은 별을 볼 수 있지요. 어떤 때에는 너무 가까이 있는 듯해서 손으로 만질 수 있을 것 같기도 합니다. 하지만 현실에서는 물론 그럴 수 없지요. 대부분의 하얀 점들은 아주 굉장히 멀리 있어서 우주선을 타도 그 별에 가까이 가지 못합니다. 그렇지만 우리는 그 별에 대해서는 아주 많은 것을 알 수 있습니다.

멀리 있는 물체를 크고 정확하게 볼 수 있는 **망원경** 덕분에 우리는 우주 공간을 연구하고 사진을 찍을 수 있습니다. 그렇게 찍은 사진들을 볼 때, 종종 우리 눈을 믿지 못하기도 합니다. 우주라는 곳이 믿을 수 없을 정도로 너무나 아름다워서 어떤 때에는 말문이 막히기 때문이지요. 우주에는 여러 가지 색깔과 모양을 지닌 행성들이 이리저리 떠다니고 있고, 또 동화 속 마법의 세계처럼 환상적인 성운들도 있습니다. 여러분, 이렇게 놀라운 우주의 비밀을 발견하는 여행을 함께 떠날 준비가 되었나요? 그럼 출발!

우리 지구는 아주 작은 점

우리가 느끼기에 지구는 대단히 큽니다. 비행기를 이용한다고 해도, 우리 행성을 한 바퀴 돌려면 거의 이틀이 걸리는데, 그것도 밤에 쉬지 않고 비행해야만 가능합니다. 우리에게는 이렇게 엄청나게 큰 지구도 **우주** 안에서는 아주, 정말 아주 조그만 점에 불과합니다. 사실, 그것보다 더 작지요. 우주에는 지구보다 훨씬 더 큰 별과 행성들이 있는데, 그런 별들은 상상할 수 없을 정도로 많습니다. 수백만 개를 센 다음에 또 수백만 개를 세고 또 수백만 개를 세어야 할 거예요. 어쩌면 백 살이 될 때까지 센다 해도 절대로 다 헤아리지 못할 겁니다.

그런데 우주 안에 있는 크고 작은 점들은 서로 균형을 유지하고 있습니다. 서로 끌어당기는 힘이 있어서 가능한데요, 예를 들어, 작고 가벼운 우리 달은 더 크고 더 무거운 지구의 궤도•를 돕니다. 그리고 지구도 마찬가지로 엄청나게 크고 무거운 태양의 궤도를 돌지요. 그런 방식으로, 우주에 있는 모든 별과 행성들은 서로의 궤도를 돌면서 서로 간의 균형을 유지하고 있습니다.

• 행성, 혜성, 인공위성 등이 중력의 영향을 받아 다른 천체의 둘레를 돌면서 그리는 곡선의 길.

지구는 살아있어요

우리 지구는 우주에 떠다니는 수십억 개의 행성 중 하나입니다. '그렇다면 특별한 게 없네.' 이렇게 말할 수도 있겠지요. 하지만 우리가 사는 지구는 진짜 특별하답니다. 왜냐하면 지구에는 말이죠……. **생명체**가 있어요. 이건 정말 다른 어느 행성에서도 발견된 적이 없는 진짜 특별한 것입니다.

식물과 동물, 그리고 인간이 없는 지구를 한번 상상해 보세요. 정말 지루할 거예요. 밀림에 있는 멋진 나무들, 코끼리가 '뿌우' 하며 외치는 소리, 그리고 새들이 지저귀는 소리는 지구에 특별한 색깔을 입혀 줍니다. 이런 특별함은 우리가 알고 있는 어떤 별, 어떤 행성에도 없습니다. 나뭇잎 사이로 반짝이는 햇살, 숲에서 뒹굴고 노는 판다, 바닷속에서 노래하는 고래도 찾아보기 힘들지요. 바로 이런 생명체들이 지구를 특별한 곳으로 만들어 줍니다. 우리가 생명체가 있다고 알려진 유일한 행성에서 맘껏 이리저리 뛰어다니고 있다는 사실을 생각해 보면, 우리는 아주 많이 행복해해야 할 것 같습니다. 여러분 생각은 어떤가요?

작고 멀리 있는 달이 지구의 바다를 끌어당겨요

여러분은 전혀 느끼지 못하지만, 사실 지구는 여러분을 아주 강하게 끌어당기고 있습니다. 여러분이 직접 간단한 실험을 해 보면 쉽게 확인할 수 있지요. 돌멩이 하나를 집어서 있는 힘을 다해 할 수 있는 만큼 멀리 던집니다. 돌멩이는 던져지자마자 떨어지기 시작하는 것이 보일 겁니다. 여러분이 아무리 튼튼하고 강한 팔 근육을 갖고 있어도 말이지요. 아마 1, 2초 정도는 공중에 있겠지만, 그다음에는 바로 반드시 내려옵니다. 이런 현상은 지구의 끌어당기는 힘 때문에 일어나는데요, 그 힘을 **중력**이라고 부릅니다.

지구가 돌멩이를 끌어당기는 것과 똑같이, 지구는 달도 아주 강하게 끌어당깁니다. 달은 돌멩이보다 훨씬 더 크고 무겁기는 하지만, 지구보다는 훨씬 가벼워요. 지구가 달 주위를 도는 것이 아니라 달이 지구 궤도를 도는 것은 바로 그 때문입니다. 그런데 말이지요……. 작기는 해도 달 역시 지구를 끌어당기고 있습니다. 그래서 달이 바다나 대양 위에 있을 때면, 바닷물 전체가 위로 끌어 올려집니다. 달의 그런 힘 때문에 지구의 바닷물이 밀려왔다가 빠져나가는 현상을 **밀물과 썰물**이라고 해요. 이런 힘들은 정말 놀라운 일입니다. 그렇지요? 그런데 한 가지 더 생각해 봐야 해요. 작은 달의 힘이 그렇게 크다면, 달보다 수천 배 혹은 수만 배 더 크고 무거운 별이나 행성들은 얼마나 엄청난 힘을 가지고 있을지, 여러분 상상해 보세요. 우주에서는 그런 별들이 다른 별이나 행성 무리 전체를 자기 쪽으로 끌어당기는 일이 실제로 일어나고 있답니다.

특별한 선물

지구에게 태양은 아주 중요합니다. 태양 덕분에, 지구는 아름답게 빛나고 살기 좋게 따뜻합니다. 식물과 동물이 잘 자라는 완벽한 환경이 되었지요. 그것 말고도 태양이 준 선물이 또 있습니다. 지구의 남극과 북극 주변에서는 가끔 아주 특별한 것이 보이곤 하는데요. 바로, **오로라(극광)**입니다! 지구의 중심에 있는 핵은 굉장히 뜨거운 금속으로 이루어져 있고, 자기장을 만들어 냅니다. 그러니 사실 지구는 하나의 커다란 자석이라 할 수 있지요. 그런데 태양에서 전해 오는 입자●들은 전기적인 성질을 가지고 있어 지구라는 자석에 반응을 나타냅니다. 그걸 어떻게 알 수 있냐 하면, 밤이 되면 그 입자들은 갖가지 색과 모양으로 빛을 냅니다. 마치 하늘에서 함께 모여 춤을 추는 듯이 보이는데요, 아마 세상에서 가장 큰 빛의 축제일 겁니다. 그게 바로 오로라입니다.

● 물질을 구성하는 미세한 크기의 물체.

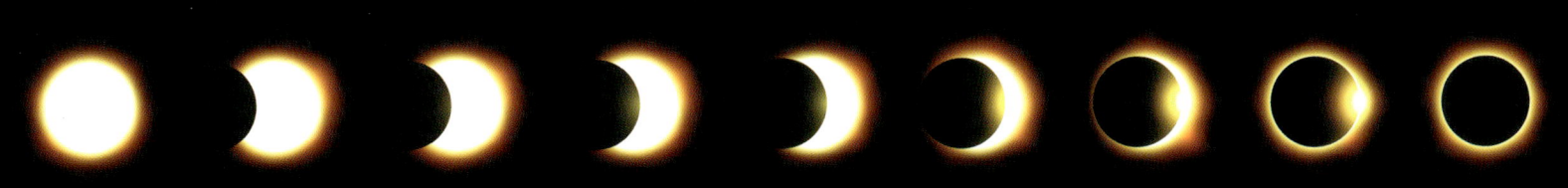

낮인지 밤인지?

달은 지구 주위를 돌고 지구는 태양 주위를 돕니다. 그래서 가끔 달이 태양과 지구 사이에 있는 경우가 생깁니다. 그런 때에는 한동안 태양이 보이지 않는데요, 이런 현상을 **일식**이라고 부릅니다. 완전한 일식 때에는, 처음에는 달이 아주 조금 태양의 앞쪽으로 미끄러지듯이 들어옵니다. 그다음에는 조금 더 오고, 그다음에는 더 많이 오다가, 마침내 태양 전체가 다 가려져서 얇은 테두리만 남습니다. 그러면 낮인데도 갑자기 캄캄해지지요. 지구의 모든 것이 침묵에 잠깁니다. 그렇게 되면 밤이 된 걸까요? 그건 아닙니다. 얼마의 시간이 지나고 나면, 달이 계속 좀 더 움직여서 태양이 바로 다시 나타나기 때문입니다.

크기가 딱 맞게 돼요!

일식이 일어나는 동안 신기한 일이 또 있습니다. 달이 태양의 정면으로 미끄러져 오면서, **태양 전체가 달로 가려지는** 겁니다. 이런 일은 태양이 달보다 4백 배 크긴 하지만, 달보다 4백 배 멀리 떨어져 있어서 생깁니다. 하지만 지구에서는 달과 태양의 크기가 같아 보여서 일식이 일어나면 아주 딱 맞아떨어지는 것처럼 보이는 것이지요! 정말 신기합니다. 그렇죠, 여러분?

어쩌다 가끔은, 손님이 와요

우주에는 행성과 별, 그리고 그 주위를 떠다니는 달들(위성들)만 있는 것은 아닙니다. **혜성**도 있어요. 혜성은 먼지와 얼음으로 이루어진 커다란 덩어리입니다. 혜성이 태양에 아주 가까이 다가가게 되면, 얼음이 증발하면서 길고 하얀 꼬리가 만들어집니다. 운이 좋게도, 지구는 태양과 매우 가까이에 있어서 우리는 혜성의 꼬리를 아주 잘 볼 수 있습니다. 혜성의 꼬리는 깁니다. 아주 길어요. 수천 혹은 수백만 킬로미터나 되기도 합니다. 바로 그 긴 꼬리가 있는 덕분에, 혜성은 하늘에서 맨눈으로 볼 수 있는 가장 아름다운 광경 중 하나로 꼽힙니다.

여기에 엄청난 구멍이!

여러분은 어쩌면 **별똥별**을 본 적이 있을 거예요. 별똥별은 약간은 혜성과 비슷하기도 한데, 꼬리가 훨씬 더 가느다랗습니다. 별똥별을 볼 때는 아주 집중해야 합니다. 여러분이 알아차리기도 전에 하늘에 나타난 하얀 광선은 이미 사라지고 없을 테니까요.

사실 별똥별은 전혀 별이라고 할 수 없습니다. 지구를 둘러싼 공기층에서 돌과 먼지로 이루어진 덩어리가 불타는 것일 뿐이거든요. 사람들은 이것을 **유성**이라고도 부릅니다. 대부분 유성은 하늘에서 불타 없어지지만, 가끔은 완전히 다 타지 않은 유성이 지구 표면에 추락하기도 합니다. 이것을 **운석**이라고 하는데 대개의 운석은 아주 작지만, 커다란 돌덩이인 경우도 있습니다. 이런 돌덩이가 지구 표면에 부딪히면서 만들어진 구멍은 화산의 분화구처럼 보이기도 합니다.

폭이 1킬로미터가 넘는 이 커다란 분화구는 대략 5만 년 전에 미국의 애리조나 주에 운석이 충돌한 결과입니다.

여기는 태양,
엄청 뜨거워요

우리의 태양계

지구는 태양 주위의 궤도를 돕니다. 우리 지구 혼자만 그렇게 하고 있을까요? 아니에요. 태양의 궤도를 도는 행성이 일곱 개나 더 있습니다. 우리는 **태양과 태양을 도는 행성들**을 합쳐 태양계라고 부릅니다.

태양계에 속해 있는 행성들은 저마다 다 다릅니다. 목성은 화려한 색의 띠를 두르고 있고, 가장 커다란 행성입니다. 수성은 태양에 가장 가깝게 있고, 가장 작습니다. 태양에 가까이 있을수록 온도는 더 높지요. 수성 다음으로, 금성이 보이고 그다음에 지구가 있습니다. 다행스럽게도, 여기는 살기 좋을 정도로 따뜻합니다. 다음 행성은 화성인데요, 여긴 지구보다 훨씬 더 온도가 낮습니다. 그리고 토성, 천왕성, 그리고 해왕성이 있습니다. 이 행성들은 얼마나 추운지 북극곰이라도 살아남지 못할 겁니다. 게다가 북극곰은 그 행성들 위에서는 아마 걸어 다니지도 못할 거예요. 이 행성들은 주로 액체와 가스로 이루어져 있거든요. 그러니 북극곰이 있다면 바로 가라앉고 말겠죠!

태양계의 모든 행성은 태양 주위를 돕니다.

태양

태양은 우리 태양계의 중심이고, 행성들은 모두 태양 주위를 주기적으로 돕니다.

태양

우리 태양계는 여덟 개의 행성과 한 개의 **별**로 이루어져 있습니다. 그 별을 태양이라고 부르지요. 다른 모든 별과 마찬가지로, 태양은 빛과 열을 내뿜는 거대하고 펄펄 끓는 둥근 가스 덩어리입니다. 지구는 그 열기와 빛을 고맙게 누리고 있지요.

다른 행성은 태양에 좀 더 가깝거나 아니면 훨씬 멀리 떨어져 있습니다. 그 말은, 그곳의 기온이 지구보다 훨씬 덥거나 아니면 훨씬 더 춥다는 뜻이지요. 빛도 역시 행성마다 아주 다르게 비춥니다. 멀리 떨어져 있는 행성에서 태양은 그만큼 작게 보이지요. 그래서 그곳은 보통 훨씬 더 어둡습니다.

태양은 태양계를 이루고 있는 모든 행성과 비교해 봤을 때 가장 크기가 큽니다. 게다가 태양은 아주 무겁기도 하지요. 우주에서는 무거운 물질이 가벼운 물질을 끌어당깁니다. 모든 행성이 **태양 주위를 돌고** 있는 이유는 바로 그것인데요, 행성들이 태양보다 훨씬 가볍기 때문입니다.

수성, 가장 작은 행성

수성은 태양계에서 가장 작은 행성입니다. 행성 전체가 우리 달보다 조금 더 큰 정도지요. 그리고 수성은 **태양에 가장 가깝습니다.** 그러므로 거기가 엄청나게 뜨거울 거라는 것은 당연히 상상할 수 있는 일이지요. 실제로 낮 동안에는 보통 4백 도 이상의 온도라고 합니다. 하지만 저녁이 되면, 온도가 굉장히 빠르게 낮아집니다. 수성에는 행성을 둘러싸고 있는 **공기층이 없어서,** 열기를 보존할 수 없거든요. 이것 때문에 수성의 밤은 무척 춥습니다. 얼음장 같죠! 그때는 온도가 영하 백도 이하로 떨어집니다.

태양 수성 금성 지구 화성 목성 토성 천왕성 해왕성 왜소행성들

태양에서부터 세어 보면, 수성은 우리 태양계의 첫 번째 행성입니다.

날마다 생일 파티

수성은 아주 천천히 회전합니다. 그래서 수성의 하루는 아주 길지요. 하지만 이 행성은 **태양 궤도를 매우 빠르게** 돕니다. 그래서 한 해는 아주 짧습니다. 이렇게 수성에서는 1년이 하루보다 더 짧으니 그 행성에 누군가 산다면 날마다 생일이겠지요

할아버지 피부

수성의 경치는 산들이 쭉 이어져 있는데 나이가 아주 많은 사람의 피부같이 생겼습니다. **주름이 아주 많기** 때문입니다. 주름 사이마다, 산비탈과 웅덩이들을 많이 발견할 수 있는데, 이 웅덩이들은 우주 공간에서 전속력으로 날아 들어온 운석과 충돌해서 생겨난 것들입니다.

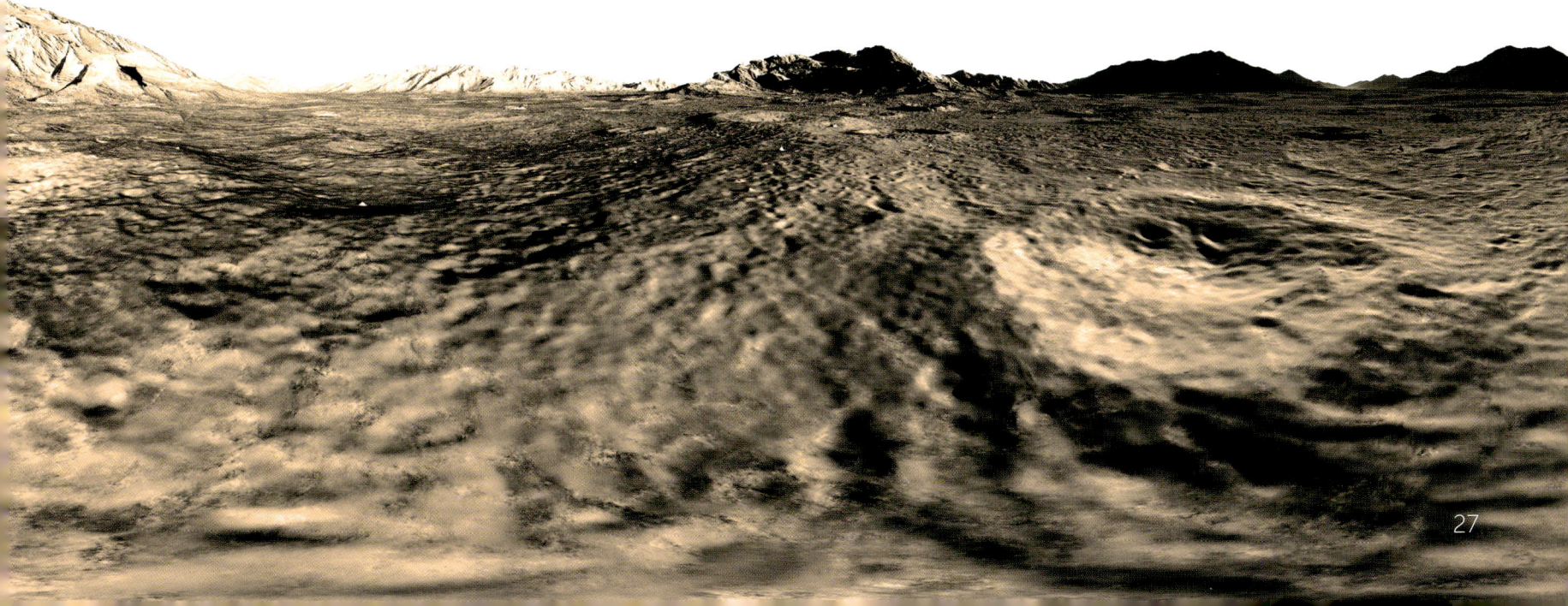

금성, 뜨거운 행성

금성은 지구와 이웃하고 있는 행성입니다. 금성과 지구는 서로 아주 가까이 있는 데다 크기도 거의 비슷하지요. 하지만 그런 것과 상관없이, 금성은 지구와 전혀 닮지 않았습니다. 우선 금성은 태양에 가까이 있기 때문에, 낮 동안에는 **엄청 푹푹 찌고** 덥습니다. 온도가 거의 4백 도 이상까지 올라가기도 하거든요. 그러므로 어디를 가도 물은 발견할 수 없습니다. 백 도면 물이 끓어오르니 당연하지요. 게다가 금성의 표면에는 두꺼운 용암 조각들이 있습니다. **여러 화산**에서 나온 이 용암 조각들은 팬케이크처럼 생겼는데, 우리가 알고 있는 것보다 엄청 거대하고 뜨거운 팬케이크입니다.

태양, 수성, 금성, 지구, 화성, 목성, 토성, 천왕성, 해왕성, 왜소행성들

태양에서부터 세어 보면, 금성은 우리 태양계의 두 번째 행성으로, 수성과 지구 사이에 있습니다.

위험한 공기층

금성에는 재미있는 것을 하나도 찾아볼 수 없습니다. 여기저기에 화산이 널려 있고 공중에는 천둥, 번개, 비 등을 몰고 오는 구름, 뇌운이 무겁게 드리워져 있습니다. 숨쉬기도 불가능하지요. 너무 뜨겁고, 너무 답답하고, 너무 후텁지근해서 숨을 쉴 수 없습니다. 게다가 금성에서 비가 올 때면, 빗물이 아니라 **독성이 있는 산성비**가 내리는데요, 그 비는 맞는 순간 바로 여러분을 태워 버릴 정도입니다.

지구, 푸른 행성

우주 공간에서 보면, 우리 행성은 대부분이 **물**로 이루어져 있음을 바로 알아차릴 수 있습니다. 그래서 지구는 푸른 행성이라고 알려졌지요. 육지와 구름, 그리고 푸른 공기층도 알아볼 수 있는데요, 이 공기층을 **대기**라고 부릅니다. 이 대기는 태양으로부터 오는 해로운 전자기파를 막아 주고 태양의 열기가 바로 사라지지 않게 해 줍니다. 대기 중에는 산소가 있는데, 지구의 거의 모든 식물과 동물은 생명을 유지하기 위해 그 산소가 꼭 있어야 합니다.

태양에서부터 세어 보면, 지구는 우리 태양계의 세 번째 행성이고, 수성과 금성 다음입니다.

생명체가 살 수 있는 기후

지구는 온화한 기후를 지닌 행성입니다. 구름 뭉치들은 태양이 너무 강하게 쬐어서 화상을 입는 것을 막아 줍니다. 수없이 많은 생명체가 이런 온화한 기후 덕에 잘 자라고 있습니다. 수백만 종류의 식물들과 동물들 그리고 **인간**까지 말입니다. 그런데 맨 마지막으로 지구에 나타난 인간이 지구에 아주 결정적인 영향을 끼치고 있습니다. 이제 지구의 상당히 많은 부분이 더 이상 자연에 의해 만들어지지 않습니다. 사람에 의해 만들어지지요. 대도시들이 그중 하나입니다.

달

지구는 혼자가 아닙니다. 달이 지구 주위를 돌고 있지요. 달의 표면은 회색빛이고 얇은 모래층으로 뒤덮여 있습니다. 바로 그 모래 **먼지층**에, 지구의 우주 비행사들이 발자국을 또렷이 남겼고, 지금도 알아볼 수 있습니다.

달은 지구에서 아주 잘 보입니다. 맨눈으로도 달의 **분화구**를 볼 수 있는데요, 그 분화구들은 운석의 충돌로 생겨난 것들입니다. 거무스름한 점들은 오래된 용암이지요, 아주 오래전 달에 있었던 화산에서 흘러나온 것들입니다.

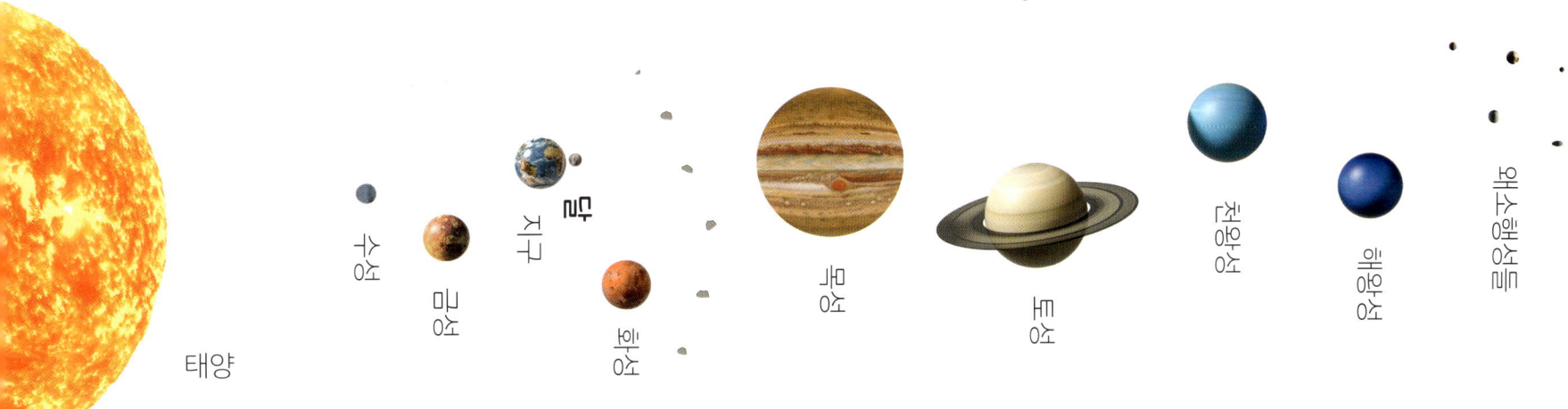

태양

지구는 하나의 위성, 달이 있습니다. 수성과 금성은 위성이 없지만 다른 행성들은 여러 개의 위성을 갖고 있습니다.

어둡고 조용해요

달의 하늘은 항상 캄캄합니다. 소리도 전혀 없습니다. 완전히 조용하지요. 더구나 달에서는 **중력이 훨씬 약하기** 때문에, 달에서라면 여러분도 커다란 바위를 거뜬히 들어 올릴 겁니다.

반대쪽은요

달은 항상 **지구를 향해서 같은 쪽을 보여주며** 회전합니다. 그래서 우주선을 타고 달 주위를 돌아보지 않는 한, 절대로 달의 반대쪽을 볼 수가 없지요. 2019년에 중국의 우주선이 최초로 달의 뒷면에 착륙했습니다.

화성, 붉은 행성

금성과 마찬가지로, 화성은 지구와 이웃하고 있는 행성입니다. 화성은 색깔이 아주 도드라집니다. 전체가 붉은 갈색이거든요. 화성에는 철분이 아주 많은데, 그 철분이 세월이 지나면서 녹슬어가기 때문에 이런 색을 띠게 되었습니다. 지구에서와 마찬가지로 철분은 눈에 잘 띄는 **적갈색**을 만들어 내거든요. 그런데 화성의 꼭대기와 바닥 부분만은 흰색입니다. 이곳은 두 개의 얼음 평원이 있는 부분인데요, 우리 지구의 남극과 북극의 경우와 비슷하다고 할 수 있습니다.

화성의 많은 부분은 지구의 사막과 아주 비슷해 보입니다만, 아주 몹시 추운 사막입니다. 대부분 모래가 뒤덮여 있는데, 바위와 모래 언덕들뿐 아니라 높은 산맥과 거대하고 깊은 협곡들도 있습니다. 화성에 있는 **올림푸스 산**은 태양계 전체에서 가장 높은 산입니다. 이 산은 주위 평지보다 25킬로미터나 솟아 있다고 합니다. 지구에서 가장 높은 산인 에베레스트 산보다 거의 세 배에 가까운 높이지요.

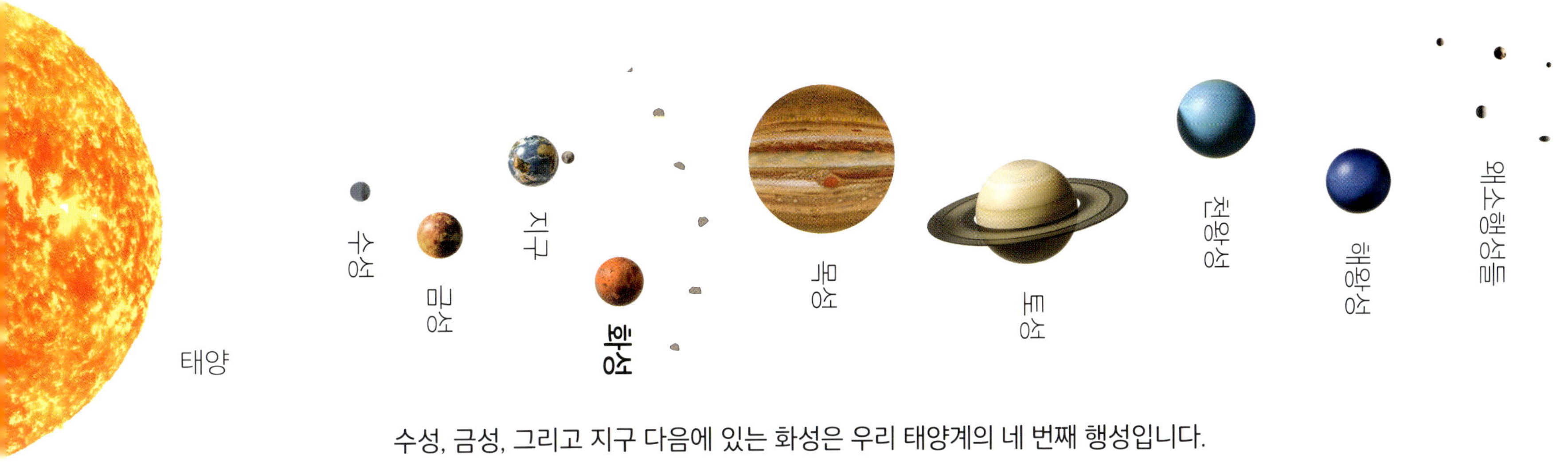

태양 | 수성 | 금성 | 지구 | 화성 | 목성 | 토성 | 천왕성 | 해왕성 | 왜소행성들

수성, 금성, 그리고 지구 다음에 있는 화성은 우리 태양계의 네 번째 행성입니다. 화성과 목성 사이에는, 단 몇 킬로미터에서 거의 620킬로미터까지의 크기가 다른 수천 개의 미니 행성들이 모여 있는 소행성대가 있습니다.

깃털처럼 가벼워요

화성은 **포보스**와 **데이모스**라는 두 개의 달, 위성을 갖고 있습니다. 이들에게는 약간 특이한 점이 있습니다. 달인데 둥근 게 아니라 혹이 튀어나온 것처럼 생겼거든요. 딱 감자처럼 생겼습니다. 큰 쪽인 포보스는 거의 중력이 없습니다. 우리 달보다도 훨씬 약합니다. 우리 달에 가면 굉장히 높게 점프할 수 있다고 했는데, 포보스에서 할 수 있는 점프에 비하면 그 정도는 아무것도 아닙니다. 오히려 너무 세게 뛰어오르지 않도록 조심해야 합니다. 까딱 잘못했다가는 우주 공간으로 날아가 버릴 테니까요.

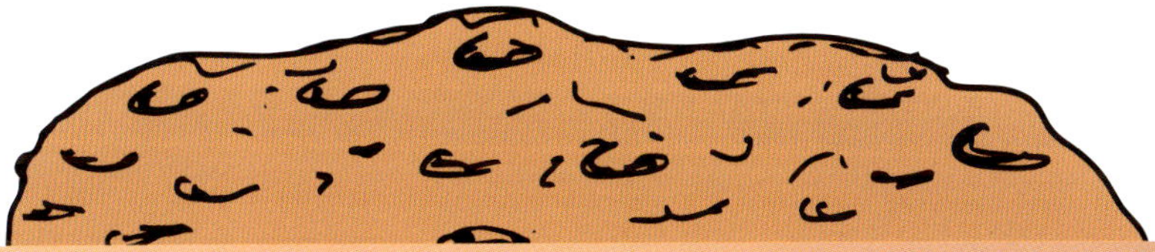

목성의 위성 유로파에서 바라본 목성

목성, 가장 큰 행성

목성은 우리 태양계에서 가장 큰 행성입니다. 다른 행성을 전부 다 합한 것보다도 더 큽니다. 그렇다면 무게도 가장 무거울까요? 맞습니다, 가장 무겁죠. 그래도 여러분이 예상하는 것보다는 훨씬 덜 **무겁습니다.** 목성의 많은 부분이 가스와 액체로 이루어져 있기 때문이지요.

목성은 구름이 낀 것처럼 보입니다. 항상 바람이 불고 있어서 **구름**이 띠 모양으로 행성 위를 이동해서 그런 것이지요. 목성의 꼭대기와 바닥에서는 푸르스름한 빛을 볼 수 있는데요, 우리 지구의 남극과 북극에서 보이는 오로라, 극광과 아주 비슷합니다. 하지만 목성의 빛이 훨씬 더 크고 더 강하죠!

태양　수성　금성　지구　화성　목성　토성　천왕성　해왕성　왜소행성들

목성은 현재까지 우리 태양계에서 가장 큰 행성입니다. 이 거대 행성은 79개 이상의 위성을 가지고 있고, 그중 가니메데라는 위성은 행성인 수성보다도 훨씬 더 큽니다.

여기에선 걸을 수 없어요

이렇게 아름다운 무늬가 있어서 목성은 굉장히 바라보기 좋습니다. 하지만 만약 그곳에 가서 한번 돌아보고 싶으면, 적당히 거리를 두고 보기만 할 뿐 착륙해서는 안 됩니다. 착륙했다가는 그대로 가라앉아 버릴 테니까요. 이 거대 행성의 표면은 **액체**와 **가스**로 이루어져 있어서 마치 양털처럼 부드럽습니다.

거대 허리케인

목성 위에 있는 구름은 우리 지구에 있는 구름과는 아주 달라 보입니다. 어떤 구름은 하얗지만 붉거나 갈색인 구름도 있습니다. 이것은 그 구름을 이루고 있는 가스가 내는 색깔 때문입니다. 좀 더 살펴보면, 넓은 띠 모양의 형형색색의 구름이 행성 위에서 움직이는 것을 알 수 있습니다. 구름 사이에 보이는 **커다랗고 붉은 오렌지색 점**은 태풍입니다. 아니 더 확실하게 말하면, 거대한 허리케인입니다. 수백 년 동안 목성에서 사나운 힘을 떨치고 있는 이 허리케인은 크기가 우리 지구의 세 배나 됩니다!

토성, 고리가 있는 행성

1610년, 이탈리아의 유명한 천문학자인 갈릴레오 갈릴레이는 하늘을 관측하고 있었습니다. 자신이 직접 만든 망원경으로 말이죠. 그때 처음으로 갈릴레이가 토성의 양쪽 옆으로 무엇인가가 솟아 나와 있는 것을 보았습니다. 마치 귀처럼 보였지요! 몇 년이 지나고 난 후, 네덜란드 사람인 크리스티안 하위헌스가 성능이 훨씬 좋아진 망원경으로 관측한 결과, 튀어나온 부분이 **고리**라는 사실을 알아냈습니다. 세월이 지나고, 우주 탐사선들이 토성 가까이 지나가면서 찍은 사진을 보내왔습니다. 그 사진들 덕택에 지금 우리는 토성이 얼마나 멋진 모습을 하고 있는지를 알 수 있습니다. 고리들이 대부분 얼음으로 이루어져 있다는 사실 또한 알아냈는데, 이 얼음 조각들은 아마도 토성의 위성이 파괴되면서 생겼을 겁니다. 수백만 개의 둥둥 떠 있는 **얼음 조각**들은 눈송이만 한 것부터 빙산의 반만 한 것까지 크기가 아주 다양합니다.

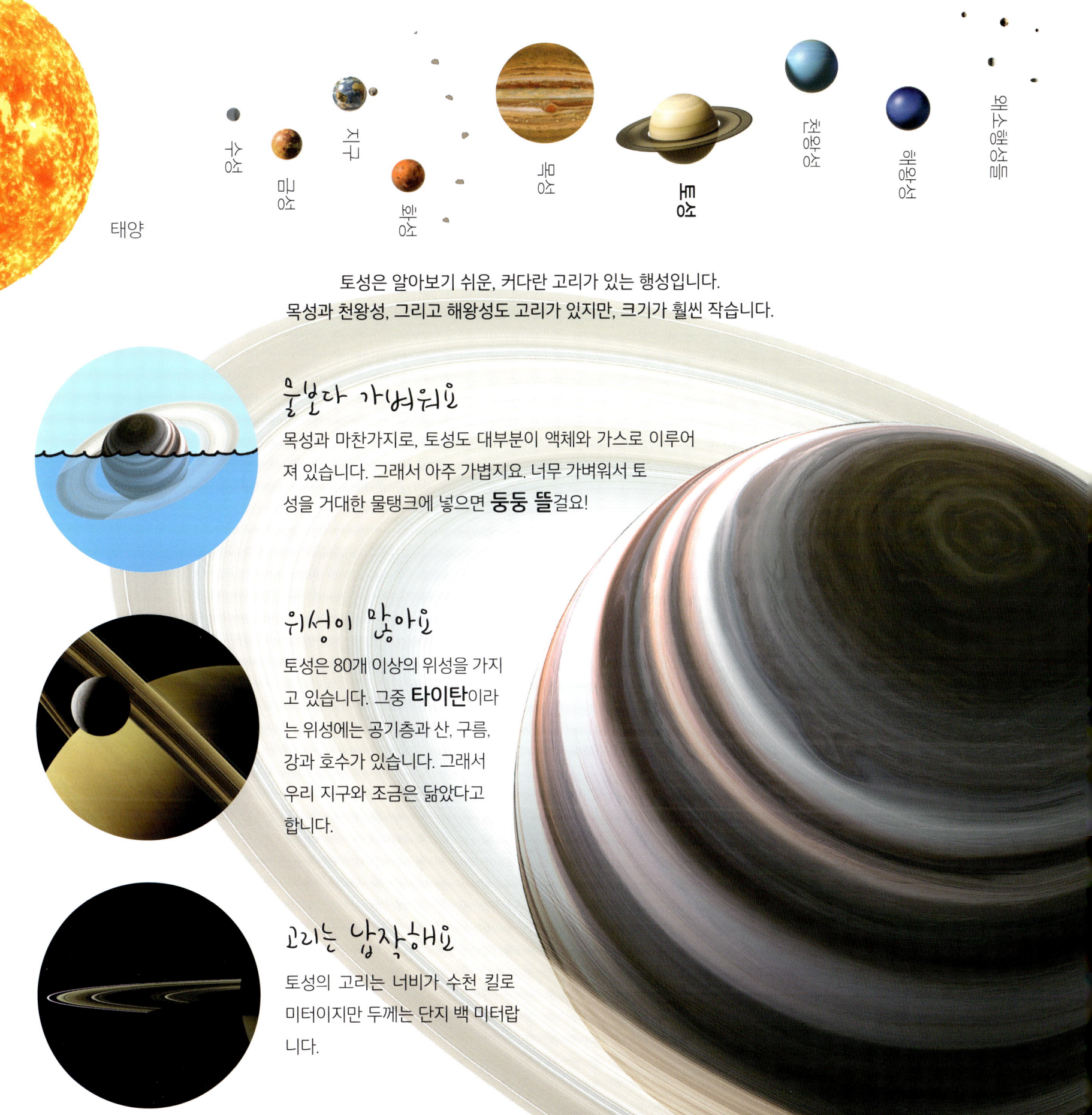

태양 · 수성 · 금성 · 지구 · 화성 · 목성 · **토성** · 천왕성 · 해왕성 · 왜소행성들

토성은 알아보기 쉬운, 커다란 고리가 있는 행성입니다.
목성과 천왕성, 그리고 해왕성도 고리가 있지만, 크기가 훨씬 작습니다.

물보다 가벼워요

목성과 마찬가지로, 토성도 대부분이 액체와 가스로 이루어져 있습니다. 그래서 아주 가볍지요. 너무 가벼워서 토성을 거대한 물탱크에 넣으면 **둥둥 뜰**걸요!

위성이 많아요

토성은 80개 이상의 위성을 가지고 있습니다. 그중 **타이탄**이라는 위성에는 공기층과 산, 구름, 강과 호수가 있습니다. 그래서 우리 지구와 조금은 닮았다고 합니다.

고리는 납작해요

토성의 고리는 너비가 수천 킬로미터이지만 두께는 단지 백 미터랍니다.

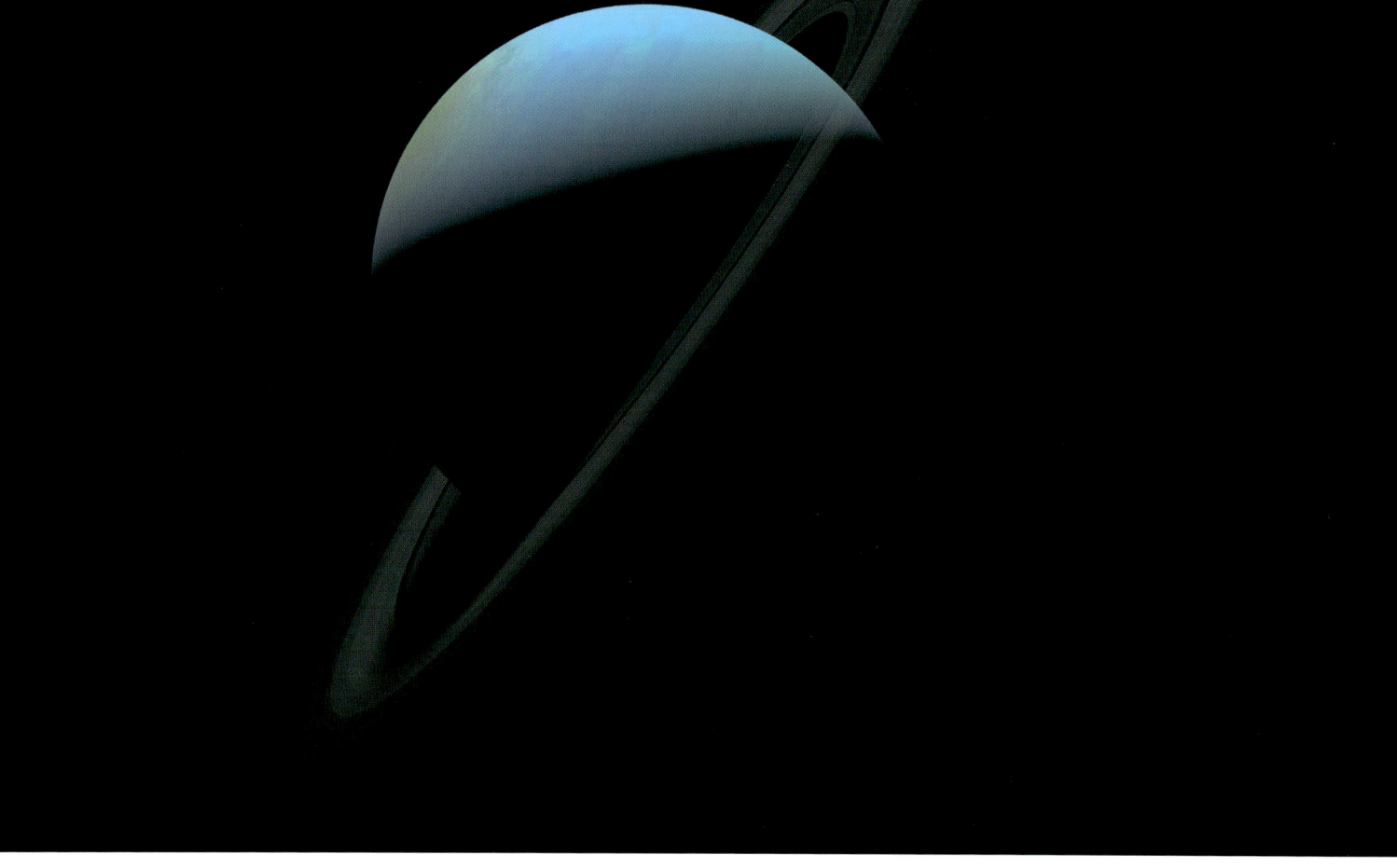

천왕성, 옆으로 누운 행성

천왕성은 우리 태양계에서 가장 큰 행성 중 하나지만 그래도 지구에서 맨눈으로는 볼 수 없습니다. 그만큼 우리에게서 멀리 있다는 뜻이지요. 태양까지의 거리 또한 너무 멀어서, 천왕성은 항상 **굉장히 춥습니다.** 평균 기온이 섭씨 영하 2백도 정도니까요. 게다가 목성이나 토성과 마찬가지로, 천왕성도 주로 액체와 가스로 되어 있어서 바람이 엄청 세게 붑니다. 그러니 이 행성에서도 편안한 산책은 어림도 없겠지요.

지구 시간으로 계산해 보면, 천왕성에서의 1년은 **84년**입니다. 그 84년 동안, 행성의 한 부분이 42년간 계속해서 어둠 속에 있고 그 다음 42년간 빛을 받습니다. 그런데 이 천왕성에는 특별한 사실이 하나 있습니다. 행성 전체가 누워 있어요! 천왕성의 고리와 함께요. 왜 그런지 그 원인은 우리 태양계의 커다란 수수께끼 중 하나입니다.

태양 | 수성 | 금성 | 지구 | 화성 | 목성 | 토성 | 천왕성 | 해왕성 | 왜소행성들

우리 태양계 안에서, 천왕성은 태양에서 아주 먼 행성입니다.
천왕성 뒤에는 해왕성만이 있으니까요.

눈에 띄는 위성

천왕성은 25개 이상의 위성을 갖고 있습니다. 가장 신비로운 위성은 당연히 **미란다**지요. 멀리서 보면, 마치 누군가가 칼로 표면에 상처를 낸 것처럼 아주 거친 모습들이 보입니다. 상처처럼 보인 것들은 사실 깎아지른 듯한 협곡들인데요, 때로는 깊이가 20킬로미터에 이르기도 합니다. 그런데 만일 여러분이 거기에 있는 절벽에서 떨어진다면 어떻게 될까요? 그래도 그건 별로 큰일이 아닐 겁니다. 미란다의 중력은 너무 낮아서 여러분은 고요히 둥둥 떠서 떠내려갈 테니까요.

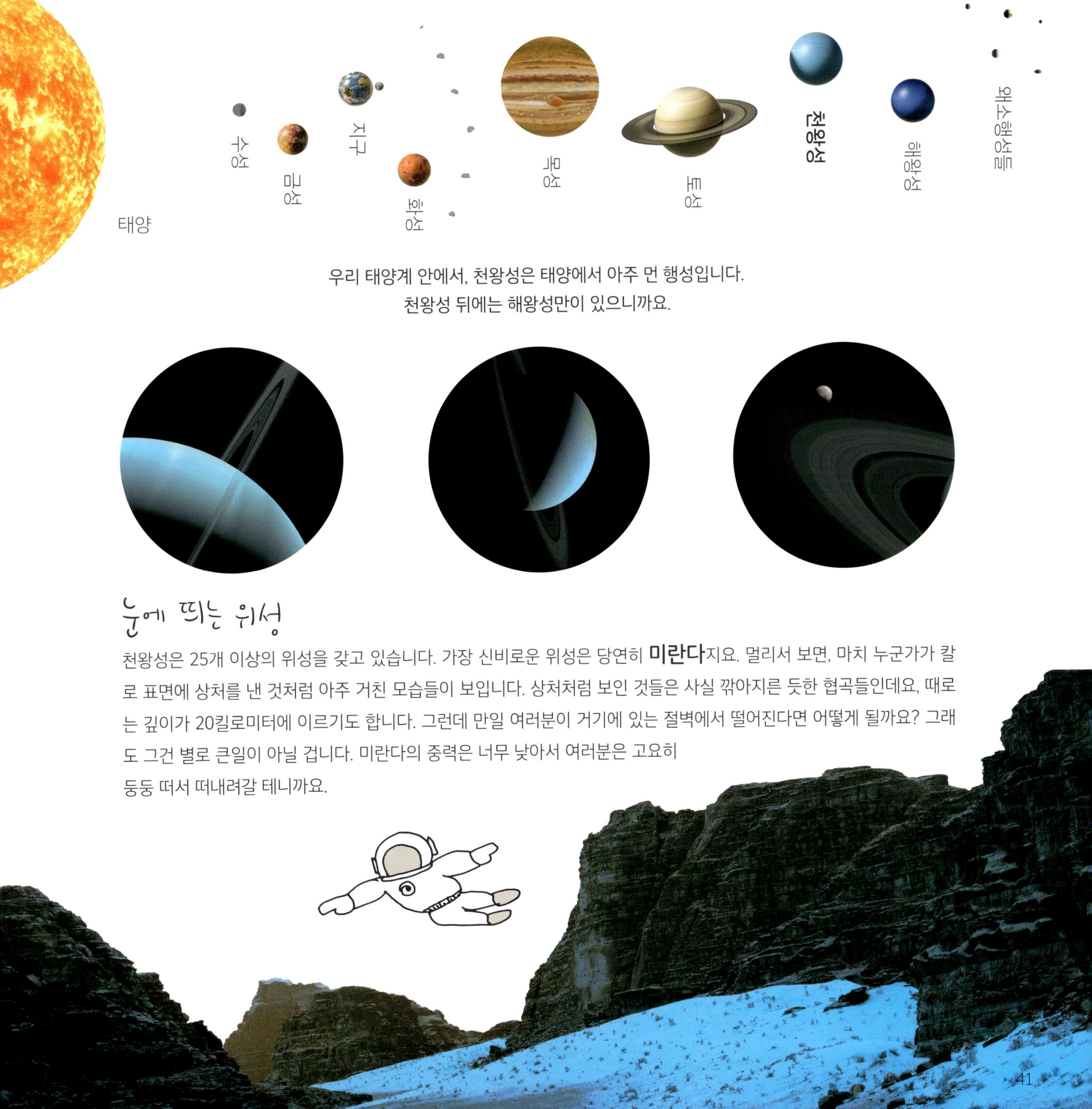

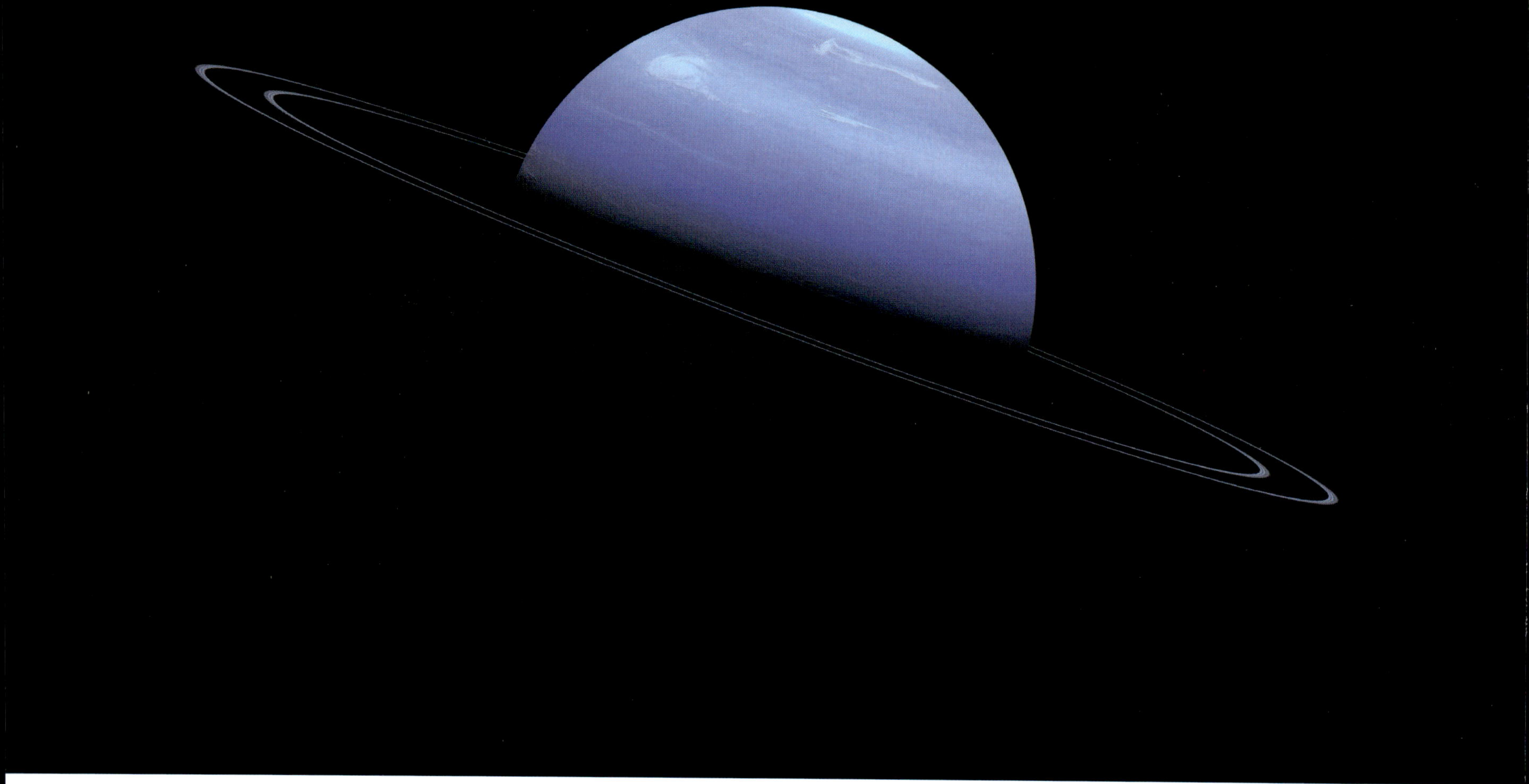

해왕성, 가장 먼 행성

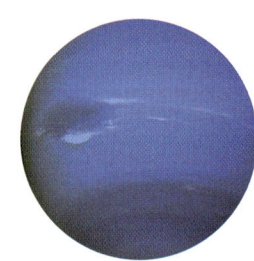

우리 태양계의 모든 행성 중에서, 해왕성은 **태양에서 가장 멀리**에 있습니다. 그렇기 때문에 거기는 무척 춥습니다. 영하 200도라니 어떨까요? 더욱 심한 곳도 있는데……. 해왕성의 가장 큰 위성인 트리톤에서는 영하 235도가 측량된 적도 있답니다. 우리 태양계에서 이보다 더 추운 곳은 없을 거예요!

해왕성은 천왕성과 아주 비슷하게 보입니다. 가스로 되어 있고, 고리도 몇 개 있고, 그리고 **바람**도 아주 심하게 불고요. 엄청나게 세게 붑니다. 해왕성에 부는 바람의 속도는 제트기로도 따라잡기가 거의 불가능합니다. 그래서 해왕성이 태양계 전체에서 가장 강력한 바람을 갖고 있다고 하지요.

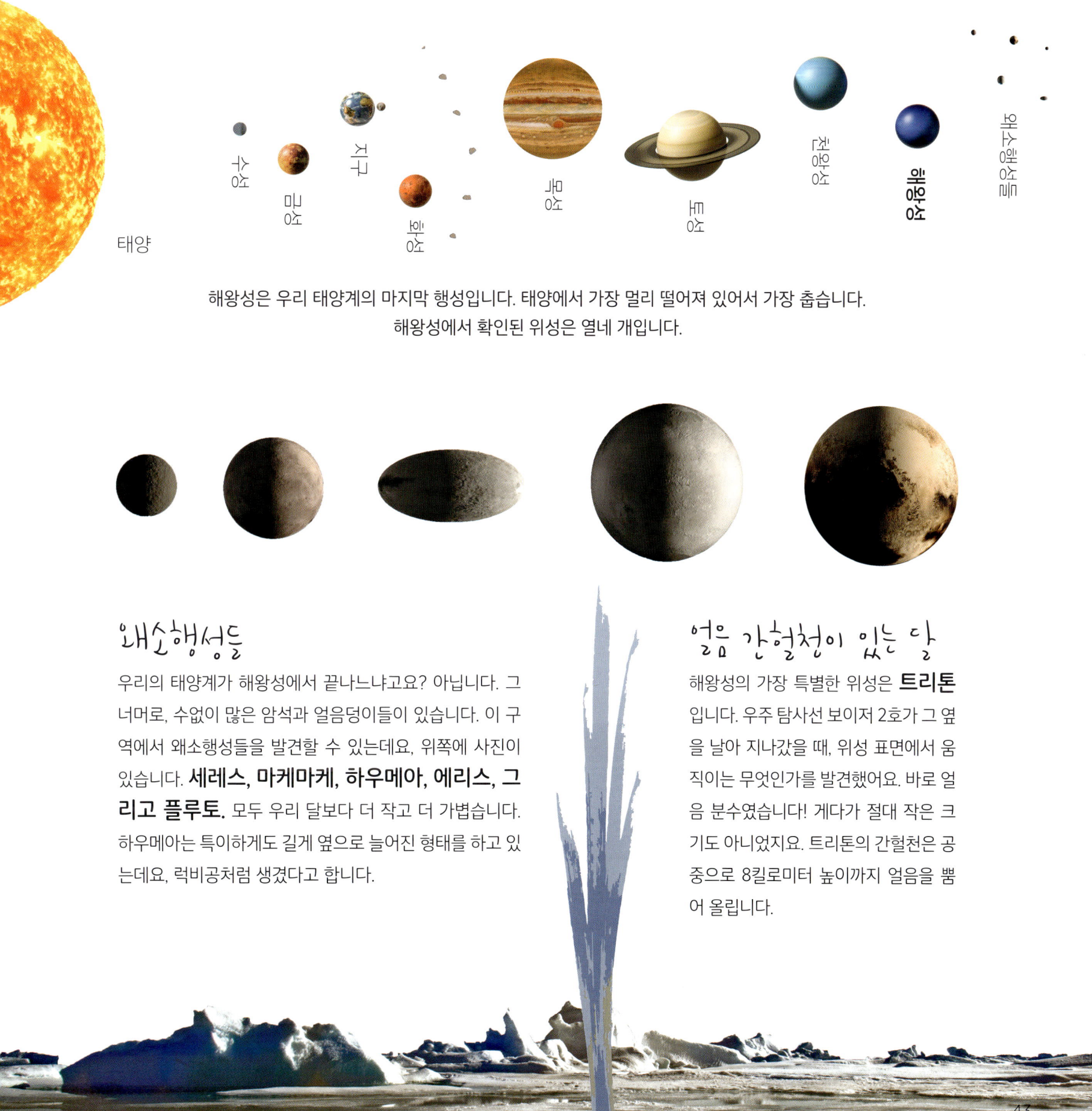

태양 / 수성 / 금성 / 지구 / 화성 / 목성 / 토성 / 천왕성 / **해왕성** / 왜소행성들

해왕성은 우리 태양계의 마지막 행성입니다. 태양에서 가장 멀리 떨어져 있어서 가장 춥습니다.
해왕성에서 확인된 위성은 열네 개입니다.

왜소행성들

우리의 태양계가 해왕성에서 끝나느냐고요? 아닙니다. 그 너머로, 수없이 많은 암석과 얼음덩이들이 있습니다. 이 구역에서 왜소행성들을 발견할 수 있는데요, 위쪽에 사진이 있습니다. **세레스, 마케마케, 하우메아, 에리스, 그리고 플루토.** 모두 우리 달보다 더 작고 더 가볍습니다. 하우메아는 특이하게도 길게 옆으로 늘어진 형태를 하고 있는데요, 럭비공처럼 생겼다고 합니다.

얼음 간헐천이 있는 달

해왕성의 가장 특별한 위성은 **트리톤**입니다. 우주 탐사선 보이저 2호가 그 옆을 날아 지나갔을 때, 위성 표면에서 움직이는 무엇인가를 발견했어요. 바로 얼음 분수였습니다! 게다가 절대 작은 크기도 아니었지요. 트리톤의 간헐천은 공중으로 8킬로미터 높이까지 얼음을 뿜어 올립니다.

우주 탐험에 나섰어요

우주를 탐험하기 위해서는 아주 강력한 **로켓**, 우주선이 필요합니다. 로켓의 부분 중 **우주 비행사**를 위해 만들어진 곳은 맨 꼭대기입니다. 바로 캡슐(선실)이지요. 그 아래에는 엔진이 있고, 그다음은 많은 양의 연료를 넣는 곳이 있습니다. 연료는 무시무시한 힘을 밖으로 뿜어내서, 로켓을 밀어 올립니다.

로켓이 발사되는 동안, 지구의 중력이 얼마나 강한지를 눈으로 직접 확인할 수 있습니다. 로켓이 내는 굉음이 아무리 크다고 해도, 올라가기 시작하는 순간에는 아주 천천히 떠오를 뿐이거든요. 그만큼 지구가 로켓을 강하게 끌어당기고 있는 것입니다. 로켓이 하늘 높이 올라가 높은 고도에 이르면, 로켓은 점점 빠르게, 더 빠르게, 더 더 빠르게 날아가지요. 지구의 중력이 조금씩 조금씩 줄어들기 때문입니다. 마침내 로켓은 시속 4만 킬로미터 이상의 속도에 도달합니다. 그 속도로 한 시간이면, 지구 한 바퀴를 돌 수 있어요.

달에 착륙

인류 역사상 가장 위대한 업적 중 하나로 꼽히는 일은, 바로 **최초의 달 착륙**입니다. 러시아가 최초로 인간을 우주로 보내고 나서 몇 년이 지난 후, 미국은 최초로 인간을 달에 착륙시키는 영광을 누렸지요. 사람들이 산 정상에 올라서 하는 것과 똑같이, 우주 비행사들은 자랑스럽게 깃발을 달의 땅에 꽂았습니다. 그리고 토양 표본을 채취하고, 사진을 찍으면서 달 위를 산책한 후에 우주 비행사들은 무사히 지구로 돌아왔습니다.

닐 암스트롱

1969년 7월 21일, 전 세계가 텔레비전 앞에 앉아 있었습니다. 인류가 최초로 달에 착륙하는 생생한 장면이 흑백 화면으로 전송되었지요. 우주 비행사 닐 암스트롱이 달 착륙선의 계단에서 내려와 발을 내딛고는, 훗날 많은 역사책에서 빼놓지 않고 실리게 될 한마디 말을 했습니다. **'이것은 한 인간에는 작은 발걸음이지만, 인류에게는 위대한 도약입니다.'**

더 높이, 더 멀리 점프

최초로 달에 착륙하려던 그때 우주 비행사들은 어려운 상황에 부딪혔습니다. 착륙하기로 한 지점이 커다란 암석 부스러기들로 뒤덮여 있다는 사실을 알게 되었는데, 달 착륙선의 연료는 거의 바닥이 나 있었던 겁니다. 아슬아슬한 순간이었지만, 우주 비행사들은 문제를 해결하였고, 마침내 달에서 최초로 걸어 다닐 수 있었습니다. 아니 사실은, 껑충거리거나 점프하는 것 같았지요. 달에서는 모든 것의 무게가 지구보다 **여섯 배나 덜 나가기** 때문에, 누구나 여섯 배 더 높이, 더 멀리 점프할 수 있습니다. 만약 달에 집이 있다면, 그 정도는 매우 쉽게 뛰어넘을 수 있을걸요!

우주 정거장

지구 밖에는 최소한 축구장 크기만큼 커다란 실험실이 지구 주위를 돌고 있습니다. 바로, 국제 우주 정거장인데요, ISS로 더 많이 알려져 있습니다. 여러 나라에서 온 우주 비행사들이 ISS에서 살고 있는데, 우주 비행사들은 우주선을 타고 이곳으로 와서 임무를 교대하곤 합니다. 우주 비행사들은 대부분의 시간을 인간이 우주에서 살 수 있는 방법들에 관한 진지한 실험을 하고 지냅니다. 하지만 때때로 물방울을 공중에 떨어뜨려 위로 둥둥 뜨게 하는 등 재미있는 실험을 하기도 합니다. ISS 안에서 여러 실험을 한 덕분에 우주 공간에서 식물이 어떻게 자라는지, 그곳에서 약품은 어떻게 만들 수 있는지를 알아낼 수 있었습니다. 이 ISS는 규모가 아주 컸기 때문에 처음 만들어질 때 부분 부분으로 나눠서 우주 공간으로 보낸 후에 현장에서 합체했습니다.

우주 유영

국제 우주 정거장은 우주에서 날아다니는 암석이 있어도 안전합니다. 그래도 우주 비행사들은 실내에 있는 것을 더 좋아하지요. 우주 유영을 하기 위해서는 두꺼운 **우주복**을 입어야합니다. 그렇게 입고서, 예를 들면, ISS를 정비하는 거지요.

• 우주 비행사가 우주 공간을 비행하는 중에 우주선 밖으로 나와 무중력 상태에서 행동하는 일.

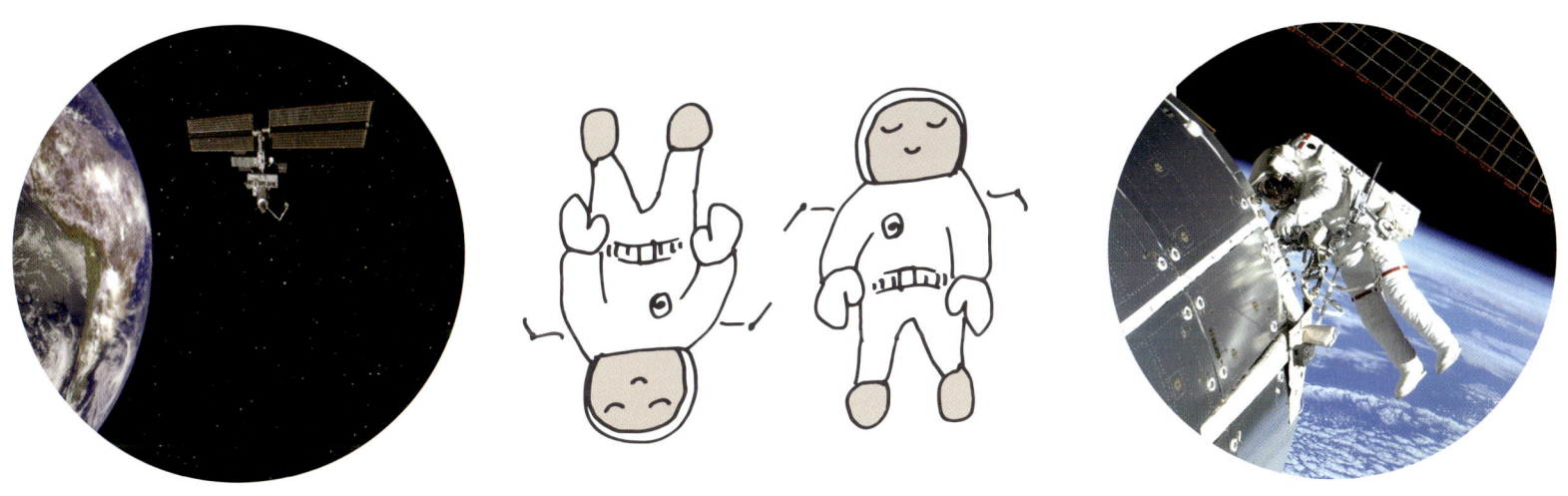

잠들기 전 안전띠 매기

우주 비행사들은 ISS에서 지구에서처럼 **생활합니다.** 그곳에서 모든 것을 다 한다는 뜻이지요. 먹고, 건강을 유지하기 위해 운동도 하고, 화장실 볼일도 보고, 잠도 잡니다. 그런데 ISS에서 잠자는 일은 좀 특이합니다. 우주의 공간에서는 위나 아래가 없기 때문이죠. 그러니 사실 거꾸로 매달려 있다 해도 상관없습니다. 그래도 우주 비행사들은 잠들기 전에 항상 안전띠를 묶어야만 합니다. 안 그러면 둥둥 떠다닐 테니까요.

우주 비행사들은 화장실 가기도 쉽지 않습니다. 정말로 모든 것이 공중에 둥둥 뜨거든요. 그래서 우주 비행사들은 볼일을 볼 때 진공청소기 같은 것을 사용합니다. 그렇게 해서, 모든 것을 말끔하게 유지한답니다!

◀ 이 거대한 망원경은 푸에르토리코의 아레시보에 있습니다.

망원경마다 보이는 것이 달라요

밤이 되면, 달과 행성, 그리고 수많은 별이 높은 하늘에서 반짝입니다. 여러분들의 눈에는 행성이든 별이든 모두 다 점처럼 보이고, 달 하나만 크고 선명하게 보일 거예요. 그런데 쌍안경이 있으면, 분화구들이나 평야가 있는 달의 표면을 볼 수 있지요. 그래도 좀 더 자세히 보려면 정말로 커다란 망원경이 필요합니다. 망원경에는 여러 종류가 있습니다. 예를 들면, 여러분이 직접 눈으로 들여다볼 수 있는 망원경이 있지요. 그리고 또, 모든 종류의 방사선을 붙잡아서 그것을 영상으로 만들어 내는 망원경도 있습니다. 이런 망원경은 보통 **큰 접시** 같은 모양을 하고 있는데요 접시의 크기가 크면 클수록, 받을 수 있는 신호는 더 많아집니다.

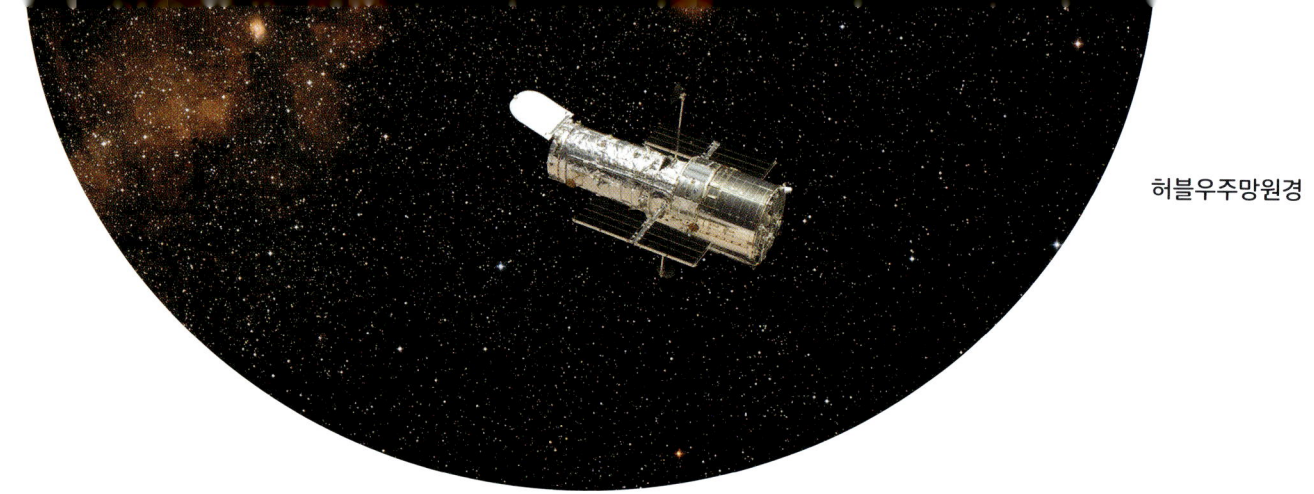

허블우주망원경

우주 망원경은 우주의 먼 곳을 봐요

여러분이 만일 별을 좀 더 잘 보고 싶으면, 아주 어두운 곳으로 가야만 합니다. 그래서 우주 망원경들은 산꼭대기나 혹은 시내에서 멀리 떨어진 곳에 세우지요. 그런데 그곳보다 훨씬 더 어두운 곳이 있는데……. 바로, 우주입니다. 그래서 지구 밖에서 지구 궤도를 도는 우주 망원경이 개발되었습니다.

가장 유명한 우주 망원경 중 하나는 **허블우주망원경**입니다. 이 망원경은 지상에 있는 망원경에 비해 지구 대기권의 영향을 덜 받기 때문에 훨씬 해상도가 높은 사진을 지구에 보내 줄 수 있었습니다. 허블우주망원경은 지난 30여 년 동안 멀리 떨어져 있는 거대 은하와 성운 등을 관측하고 촬영하며 신비하고 아름다운 우주의 모습을 우리에게 알려 주었습니다.

아주 멀리 있는 성운

다른 행성을 향해 갔어요

수많은 **무인 우주 탐사선**이 지구에서 발사되었습니다. 달에는 사람이 탄 우주선이 갔지만, 태양계의 많은 행성에는 무인 우주선이 갔습니다. 우주선들은 행성에 다가가 표면 사진을 찍어서 정보를 수집했습니다. 예를 들어, 그곳 공기의 구성 성분이나 위성이 있는지 없는지, 그리고 형태 등에 대한 정보들이지요. 메신저 호는 수성에 갔고, 베네라 호는 금성에, 큐리오시티 호는 화성에, 갈릴레오 호는 목성에, 그리고 카시니 호는 토성에 갔습니다. 두 개의 보이저 호는 목성과 토성, 천왕성과 해왕성을 지났고, 그다음 태양계를 벗어나 미지의 우주 공간을 향해 나아가고 있습니다.

토성의 고리를 지났어요

우주 탐사선 카시니 호는 거의 7년 동안이나 토성을 향해 비행했습니다. 그리고 2004년, 마침내 토성에 도착했지요. 카시니 호는 아주 가까이에서 이 가스 행성과 행성 고리의 가장 아름다운 사진을 찍었습니다.

탱탱볼

화성을 향해서도 여러 번 우주선이 날아갔습니다. 우주 비행사 대신, 로봇이 타고 있었지요. 안타깝게도, 처음에 간 로봇들은 그 붉은 행성에 착륙하는 동안에 파괴되곤 했습니다. 그래서 새로운 착륙 방법을 생각해 냈습니다. **에어백**에 완전히 감싸인 상태가 된 다음 우주선이 화성에 부드럽게, 탱탱볼처럼 통통 튀듯이 착륙하는 겁니다. 그렇게 한 이후에는 움직이는 로봇이 우리 이웃 행성인 화성에서 아주 많은 연구 조사를 할 수 있었지요.

이것은 별

이것도 별

이것은 은하

아주 작은 점,
그러나 아주 커다랗고 둥근 별

밤에 하늘을 가만히 바라보면, 눈에 보이는 별은 작은 점처럼 보이게 마련입니다. 그런데 사실 그 점들은 엄청나게 큰 가스 덩어리들입니다. 대개 우리 지구나 태양보다도 몇 배나 더 크지요. 그렇게 작게 보이는 이유는 단지 그 별들이 그만큼 굉장히 멀리 있기 때문입니다.

사실, 별들은 너무나 멀리 있어서 그 별빛이 지구에 도착하려면 무척 긴 시간이 걸립니다. 몇 시간이나 며칠 혹은 몇 달이 아니라, 어떤 때는 수백 년 혹은 수백만 년이 걸리기도 합니다. 그러므로 지구까지 온 별빛은 아주 옛날에 반짝인 것이고 그래서 매우 오래된 별빛입니다. 그러니 여러분이 별을 볼 때는 사실 **과거의 것**을 보는 거지요. 그 별들은 이미 예전에, 그러니까 탐험가가 돛단배를 타고 세계를 여행하던 시절에 빛을 내보냈는데, 그 별빛이 지금에서야 보여지는 겁니다. 어떤 별들은 훨씬 더 멀리에서 온 별빛입니다. 그런 별빛은 공룡이 어슬렁거리던 때까지 시간을 거슬러 올라가야 합니다.

여러 개의 태양

태양과 마찬가지로, 별들은 모두 빛과 열을 내뿜는 거대한 가스 덩어리입니다. 멀리서 보면 전부 다 작고 하얗게 보이지만, 망원경이 있으면 그 별들이 완전히 다른 모습인 것을 볼 수 있습니다. 작은 별도 있고 커다란 별도 있고, 그리고 어떤 별은 생각했던 것보다 훨씬 색이 진하지요. 지구는 태양을 하나 갖고 있습니다. 그 태양은 아침에 떠오르고 저녁에 지지요. 그런데 은하의 다른 태양계는 다릅니다. 어떤 태양계는, 예를 들면, **두 개 혹은 세 개의 태양**을 갖고 있습니다. 그게 어떤 일일지 한번 상상해 보세요. 아마도 일찍 잠자리에 들어갈 필요가 없지 않을까요!

백색 왜성　태양　적색 초거성

  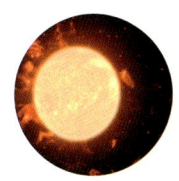  

왜성부터 초거성까지

별들은 생김새도 크기도 아주 다양합니다. 우리 태양이 가장 작은 별은 아니지요. 어떤 별은 훨씬 더 작기도 하고, 또 어떤 별은 훨씬 더 크기도 합니다. 크기뿐만 아니라 별의 색깔도 다양합니다. 작은 크기의 별들은 보통 흰색을 띱니다. 그래서 그런 별들을 **백색 왜성**이라고 부릅니다. 좀 더 큰 별들은 색이 다릅니다. 엄청 커다란 별이어서 **초거성**이라고 부르는데, 크기가 우리 태양보다 백 배는 거뜬히 넘습니다. 그런 별들은 대개 붉은색이나 푸른색입니다.

별들이 같은 크기로 보여요

아주 작은 별들

중성자별들은 매우 작습니다. 사실 아주 작지요. 대개 도시 하나 정도의 크기라서, 별것 없습니다. 그런데 이 별들은 매우 무겁습니다. 마치 커다란 별 전체를 작은 덩어리로 압축한 것 같다고 할까요. 산 하나 전체를 꽉꽉 눌러서 솜사탕 크기가 된 것으로 비교해 보세요. 크기는 작아져도 엄청나게 무거워지겠지요. 결과적으로, 그렇게 작은 중성자별의 중력은 굉장히 강해서 주위의 별과 행성들을 끌어당길 수 있습니다.

별이 얼마나 크게 보이는지는, 당연히, 지구와 그 별과의 거리에 달려 있습니다. 멀리 떨어져 있는 커다란 별이 가까이에 있는 작은 별하고 같은 크기로 보이는 거죠. 별들은 보통 반짝거립니다. 만일 반짝이지 않는 별을 보게 된다면, 그건 아마도 행성일 겁니다.

우리 은하

별이 총총하게 빛나는 하늘은 어두운 곳이어야 가장 잘 감상할 수 있습니다. 사실 산꼭대기나 사막 한가운데와 같이, 아무 빛도 없는 곳에 있어야 합니다. 거기에서 하늘을 올려다보면, 수천 수백만 개의 별들이 모여서 생긴 우윳빛의 안개와 같은 무리가 보입니다. 바로 **은하(수)**이고, 그 은하가 우리가 속한 우리 은하입니다. 지구와 일곱 개의 이웃 행성들이 태양계의 이루고 있는 것과 마찬가지로, 태양계도 우리 은하에 속해 있습니다. 우리 은하는 이렇게 수없이 많은 별과 행성들이 모이고 모여 만들어진 큰 집합체입니다.

은하는 빙빙 돌아요

우주에서 보면, 우리 은하는 일종의 빛의 **소용돌이**처럼 보입니다. 우리 태양계는 그 소용돌이의 가운데와 바깥쪽 사이 어디쯤 자리 잡고 있습니다. 그 소용돌이는 로켓도 부러워할 만한 속도로 회전합니다. 그런데도 모든 별과 행성들이 한 바퀴를 완전히 다 돌려면 수백만 년이 걸립니다. 그 사실이 우리 은하의 어마어마한 크기를 짐작하게 해 줍니다.

북극성은 움직이지 않아요

하늘을 오랫동안 바라보고 있으면, 모든 별이 천천히 움직이고 있는 것처럼 보일 겁니다. 하지만 사실 움직이는 것은 별들이 아니지요. 지구가 빙글빙글 돌고 있습니다. 그래서 별들이 우리 주위를 돌아다니는 것처럼 보입니다. 그런데 딱 하나의 별이 여기에 속하지 않습니다. 바로 북극성이죠. 이 별은 항상 거의 같은 장소, **북쪽**에 머물러 있습니다. 그러므로 만일 북쪽을 찾고 싶으면, 다른 것 필요 없이 북극성을 찾기만 하면 됩니다. 물론 날이 흐리면, 나침판을 사용하는 것이 더 낫지요.

우주 공간은
매우 어두워요...

...하지만 다
어둠진 않아요!

우주는 텅 비었어요

지구, 우리 태양계, 우리 은하, 그리고 다른 은하들 모두 우주의 일부입니다. 그러므로 **우주에는** 사실 **모든 것이 다 있습니다.** 우주는 엄청나게 많은 별과 행성들, 그리고 작은 먼지 입자들이 이리저리 떠다니고 있는 공간입니다. 그러니 우주가 그렇게 믿을 수 없을 정도로 클 수밖에요. 여러분의 상상 이상으로 큽니다. 그리고 가장 똑똑한 과학자가 생각해 낼 수 있는 크기보다도 더 크지요.

밤에 하늘을 올려다보면, 커다랗고 까만 하늘을 배경으로 달과 별들을 볼 수 있습니다. 대부분의 우주는 그런 모습으로 보이지요. 우주는 사실 하나의 거대하고 컴컴한 공간입니다. 이곳저곳에 행성들과 별들이 있고, 작은 먼지 입자들도 있지만, 많은 부분이 텅 비어 있지요. 그래도 다 합하면 수십억 개의 별들이 있습니다. 우리 지구에 있는 모래알을 다 합한 것보다 더 많지요. 그러니 여러분, 우주가 얼마나 클지 한번 상상해 보세요!

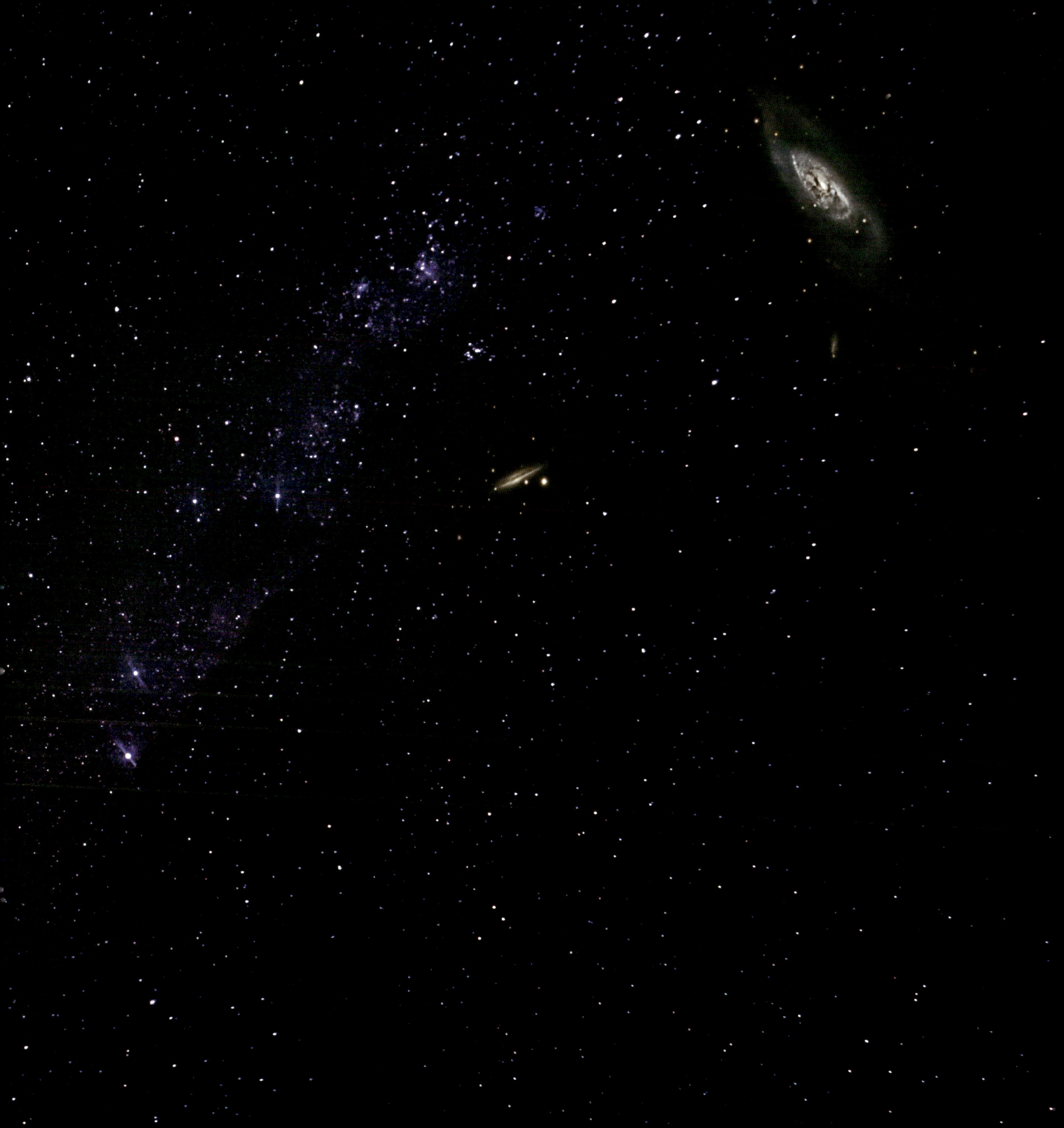

빅뱅 (우주 대폭발)

아마 우주는 세상에서 가장 위대한 수수께끼일 겁니다. 크기가 정확하게 얼마나 될까요? 어딘가에 끝은 있을까요? 그리고 언제 어떻게 생겨난 것일까요? 이런 질문에 대한 답을 생각해 보면 정말 재미있습니다. 과학자들도 확실하게 이럴 것이라고 말할 수 없기는 마찬가지이지만, 우주의 탄생에 관한 한 가지 이론을 갖고 있습니다. 과학자들은 우주가 한 번의 폭발로 탄생했다고 생각합니다. 처음에, 우주를 이루는 모든 물질이 핀만큼 아주 작은 한 점으로 굉장히 빽빽하게 응집된 채로 있었습니다. 그런데 한 번의 **대폭발**이 있은 다음 모든 것이 사방팔방으로 날아갔지요. 수십억 년이 흐르면서, 먼지 입자들이 서로 뭉쳐 별과 행성이 형성되었습니다. 이 이론이 빅뱅 이론입니다.

모든 종류의 은하들

우주에는 별과 행성으로 이루어진 수백만 개의 집합체들이 있습니다. **은하**라는 같은 이름으로 불리지만 생김새는 서로서로 다릅니다. 어떤 은하는 부채 모양으로 펼친 팔이 있는 팽이를 닮았지요. 우리가 속한 은하, 즉 우리 은하는 바로 그런 모양입니다. 하지만 좀 더 구형에 가까운 것도 있고, 럭비공이나, 모자, 혹은 벌어진 팬케이크 모양도 있습니다. 보통 별들은 아주 무거운 중심 주위를 회전하는데요, 그 중심은 **블랙홀**이라고 부르는 것으로 되어 있습니다. 블랙홀은 우주에 있는 일종의 초강력 진공청소기입니다. 아주 가까이 다가오는 것은 모두 다 그 검은 구멍으로 빨려 들어가고, 좀 더 멀리 떨어져 있는 모든 것들은 그 주위를 회전합니다.

별들은 성운에서 태어나요

별들도 영원히 살지는 않습니다. 나이든 별은 언젠가 사라지고 또 어느 날에는 아기별이 태어나지요. 아기별들은 우주에서 떠다니던 먼지와 가스 구름 속에서 탄생하게 됩니다. 그런 구름을 **성운**이라고 부르지요. 오랜 기다림 끝에, 어느 순간 성운이 점점 더 수축합니다. 그렇게 수축해서 가스로 이루어진 둥근 구체가 만들어진 다음에는, 계속해서 점점 더 뜨거워지지요. 가스 덩어리의 온도가 충분히 상승하고 나면, 빛과 열을 발산하기 시작합니다. 마침내 새로운 별이 탄생한 겁니다!

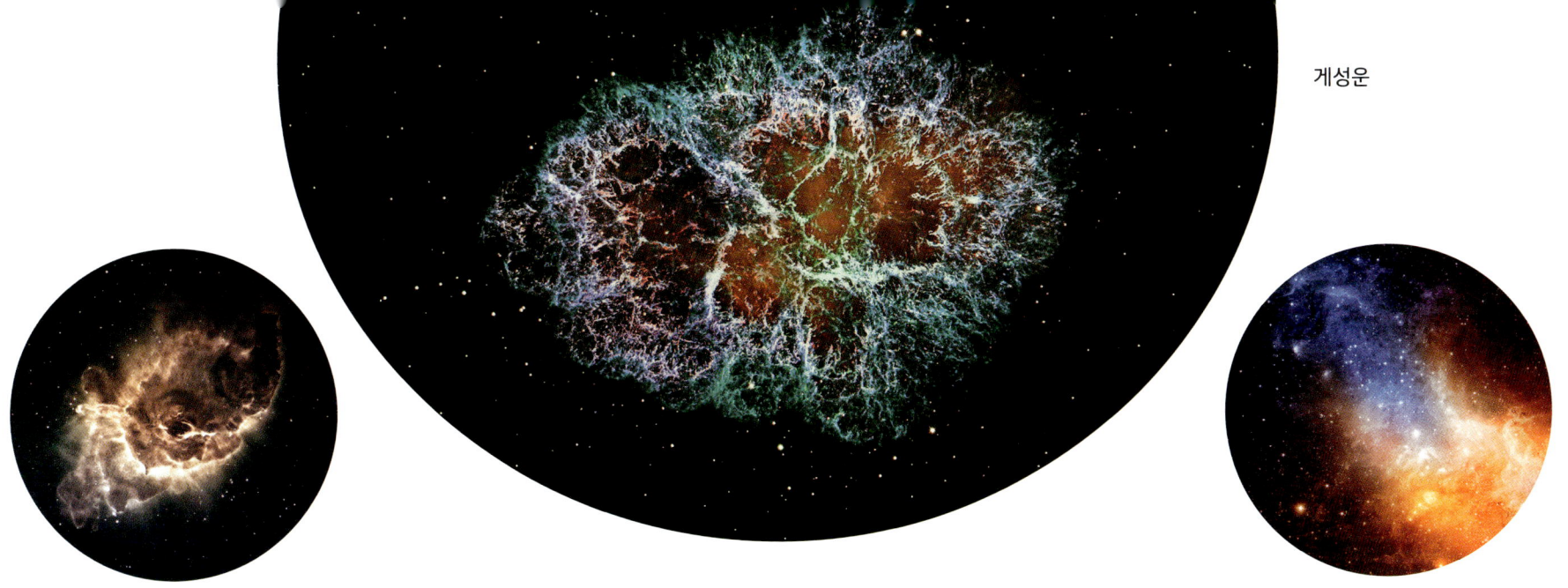

게성운

성운은 동화 속 세계

허블우주망원경은 우주의 머나먼 구석에 있는 성운의 사진들을 보내 줍니다. 그 사진을 보면 여러분이 꿈에서나 볼 것 같은 그런 세계를 볼 수 있지요. 그 사진 속 성운들은 저마다 자신만의 **고유한 색과 형태**가 있습니다. 어떤 때에는 정말 동화의 세계 같습니다.

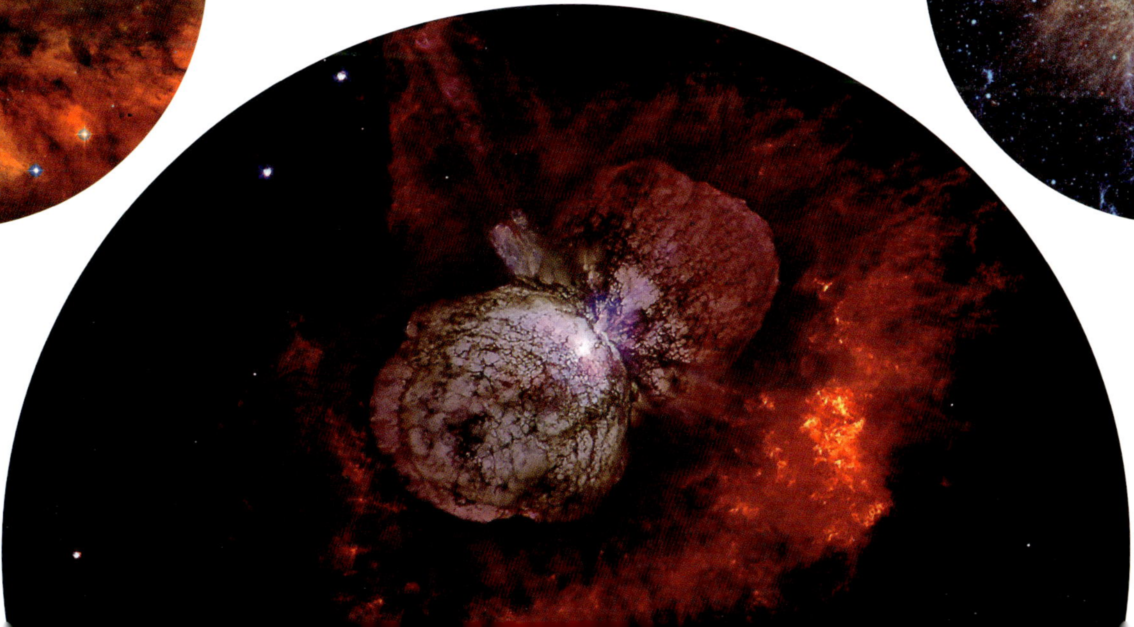

새로운 탐험

망원경과 우주선을 이용해서, 최근까지 우주에 대한 연구는 매우 깊이 있게 진행되었습니다. 아주 멀리 떨어져 있는 행성과 달들, 유성, 은하, 성운들을 발견했지요. 하지만 놀라우리만치 거대한 우주는 아직도 많은 부분이 신비로운 수수께끼로 남아 있습니다. 여전히 **정답을 알 수 없는 질문**들이 많이 있지요. 우주는 시작과 끝이 있을까요? 그리고 만일 끝이 있다면, 그다음엔 무엇이 있을까요? 다른 행성에는 생명체가 있을까요? 만일 있다면, 그 생명체는 어떻게 생겼을까요? 그 생명체들도 우리처럼 보고 느낄 수 있을까요, 아니면 우리가 전혀 알지 못하는 새로운 형태일까요? 그동안 우리가 만화나 영화 또는 꿈 속 공상에서 꿈꿔 봤던 그런 존재와 완전히 다른 생명체일까요? 그 답을 아는 사람은 아무도 없습니다. 하지만 여러분만의 답을 만들 수 있지요. 이것이 바로 우주를 그렇게 흥미롭게 만들어 주는 겁니다!

외계를 향한 메시지

다른 행성을 발견한 이래로, 사람들은 머나먼 우주에 어떤 종류의 생명체가 있는지 궁금하게 여겨왔습니다. 그건 정말 설레는 일이겠지요. 그래서 보이저 1호와 보이저 2호에 각각 꾸러미 하나씩을 실었습니다. 그 꾸러미에는 지구의 소리를 담은 **기록장치**가 담겼습니다. 만일 어떤 외계의 생명체가 두 꾸러미 중의 하나라도 발견해서 그 장치를 보게 된다면, 그들은 여러 가지 소리, 그러니까 고래의 노랫소리와 모차르트의 음악 같은 것들을 듣게 될 겁니다. 또, 우리 지구에서 볼 수 있는 모든 사물의 온갖 모습도 함께 보내졌지요. 예를 들면, 사람들, 동물들, 그리고 타지마할과 같은 유명한 건물들의 영상 말입니다. 두 우주 탐사선은 이미 수십 년 동안 여행중이고 천왕성과 해왕성도 지나갔습니다. 얼마 전에는, 우리 태양계를 벗어나기까지 했지요. 아마도 외계인은 언젠가 우리의 소리를 듣게 될 것이고 그러면 아마도 우리에게 답신을 보내올지도 모릅니다. 우주 어딘가 머나먼 곳에서, 다른 행성으로부터의 메시지가 온다면……. 그거야말로 진짜 굉장한 일이죠!

찾아보기

가니메데 • 37
갈릴레오 호 • 56
궤도 • 9, 15, 22, 27, 54
금성 • 28~29, 31, 33~35, 37, 39, 41, 43, 56
닐 암스트롱 • 49
달 • 9, 15, 17~18, 26, 32~33, 35, 43, 48~49, 53, 56, 68, 74
데이모스 • 35
로켓 • 47, 65
마케마케 • 43
망원경 • 3, 38, 53~54, 62, 74
메신저 호 • 56
목성 • 22, 25, 27, 29, 31, 33, 35~37, 39~41, 43, 56
미란다 • 41
백색 왜성 • 63
베네라 호 • 56

보이저 호 • 56
북극성 • 65
블랙홀 • 71
빅뱅 • 70
생명체 • 10, 13, 31, 74~75
성운 • 3, 54, 72~74
세레스 • 43
소행성대 • 35
수성 • 22, 25~27, 29, 31, 33, 35, 37, 39, 41, 43, 56
에리스 • 43
오로라 • 16, 36
올림푸스 산 • 34
왜소행성 • 25, 27, 29, 31, 33, 35, 37, 39, 41, 43
우리 은하 • 64~65, 68, 71
우주 비행사 • 32, 47~51, 57
운석 • 19, 27, 32

위성 • 18, 33, 35~39, 41~43, 56
유로파 • 36
유성 • 19, 74
은하 • 54, 59, 62, 64~65, 68, 71, 74
일식 • 17
중력 • 15, 33, 35, 41, 47, 63
중성자별 • 63
지구 • 3, 9~10, 13, 15~19, 22, 25, 27~37, 39~41, 43, 47~51, 54, 56, 60, 62~65, 68, 75
천왕성 • 22, 25, 27, 29, 31, 33, 35, 37, 39~43, 56, 75
초거성 • 63
카시니 호 • 56~57
큐리오시티 호 • 56
타이탄 • 39
태양 • 9, 13, 16~18, 20, 22, 25~31, 33, 35, 37, 39~43, 60, 62~63

태양계 • 22, 25~27, 29, 31, 34~37, 40~43, 56, 62, 64~65, 68, 75
토성 • 22, 25, 27, 29, 31, 33, 35, 37~41, 43, 56~57
트리톤 • 42~43
포보스 • 35
플루토 • 43
하우메아 • 43
해왕성 • 22, 25, 27, 29, 31, 33, 35, 37, 39, 41~43, 56, 75
허블우주망원경 • 54, 73
혜성 • 18~19
화성 • 22, 25, 27, 29, 31, 33~35, 37, 39, 41, 43, 56~57
ISS • 50~51

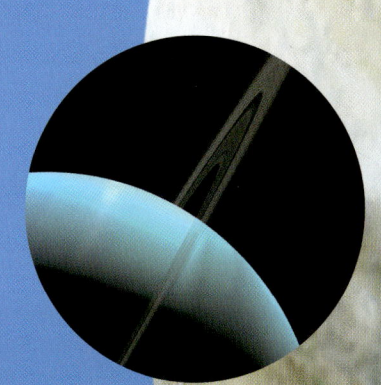